Cor & Kaatje en het mondmasker

Auteur & illustrator

Thierry Hebbelinck

Auteur/ illustrator: Thierry Hebbelinck

Titel boek: Cor & Kaatje en het mondmasker.

© 2020 Thierry Hebbelinck

ISBN: 9798656471145

Uitgegeven in eigen beheer door

"Galerie Hotel Saint-Michel"

Contact: galerie.hotelsaintmichel@gmail.com

Alle rechten voorbehouden.
Niets uit deze uitgave mag worden verveelvoudigd, opgeslagen in een geautomatiseerd gegevensbestand en/of openbaar gemaakt in enige vorm of op enige wijze, hetzij elektronisch, mechanisch, door fotokopieën, opnamen of op enige andere wijze zonder voorafgaande schriftelijke toestemming van de uitgever.

Thierry Hebbelinck is lid van Sabam.

Sabam is een Belgische vereniging van auteurs, uitgevers en componisten.

Met dank aan...

een ervaren kleuteronderwijzer voor de tips en goede samenwerking.

Kleuters kijken op een andere manier naar de wereld. Schrijven voor kleuters is een vak apart.

Cor & Kaatje en het mondmasker.

Cor & Kaatje series:

Editie: nr.1 (beeld + verhaal zwart/wit) kleurboek.

Beschrijving:

Dit beeldverhaal is bedoeld voor ouders en leerkrachten die kleuters van 3 tot 6 jaar op een eenvoudige manier willen uitleggen waarom volwassenen mondmaskers dragen in tijden van een pandemie. Het verhaal is kort gehouden om de aandacht van de jongste kleuters niet te verliezen.

Verhaallijn: Cor is een kleuter die naar school gaat en bang is van mensen met een mondmasker. Wanneer hij op school aankomt staat daar iemand met een mondmasker die de ouders en kinderen verwelkomt…

Het verhaal telt 13 illustraties, boekomslag inbegrepen.

Boekindeling: linker bladzijden de tekst, het verhaal. Rechter bladzijden, de illustraties. Op elke linker pagina onder het verhaal zijn er denkvragen met symbolen, bolletjes of asterisks (sterretjes) of hashtags (hekjes).

Symbool bolletje (°): vraag rechtstreeks afgeleid uit het verhaal.

Symbool asterisk (*): staat voor een onrechtstreeks afgeleide vraag uit het verhaal.

Symbool hashtag (#): vraag om een figuur uit het verhaal te kleuren.

Dit is Cor.

Vandaag gaat Cor

naar school !

∿∿∿∿∿∿∿∿∿∿∿∿∿∿∿∿∿∿∿∿∿∿∿∿∿∿∿∿∿

° Hoe heet de jongen?

° Waar gaat hij naartoe?

— — — — — — — — — — — —

* Vind je Cor zijn schooltas mooi?

* Waarom?

+ + + + +

Kleur de schooltas onderdelen van Cor in het geel, groen en rood en zijn trui in het roos!

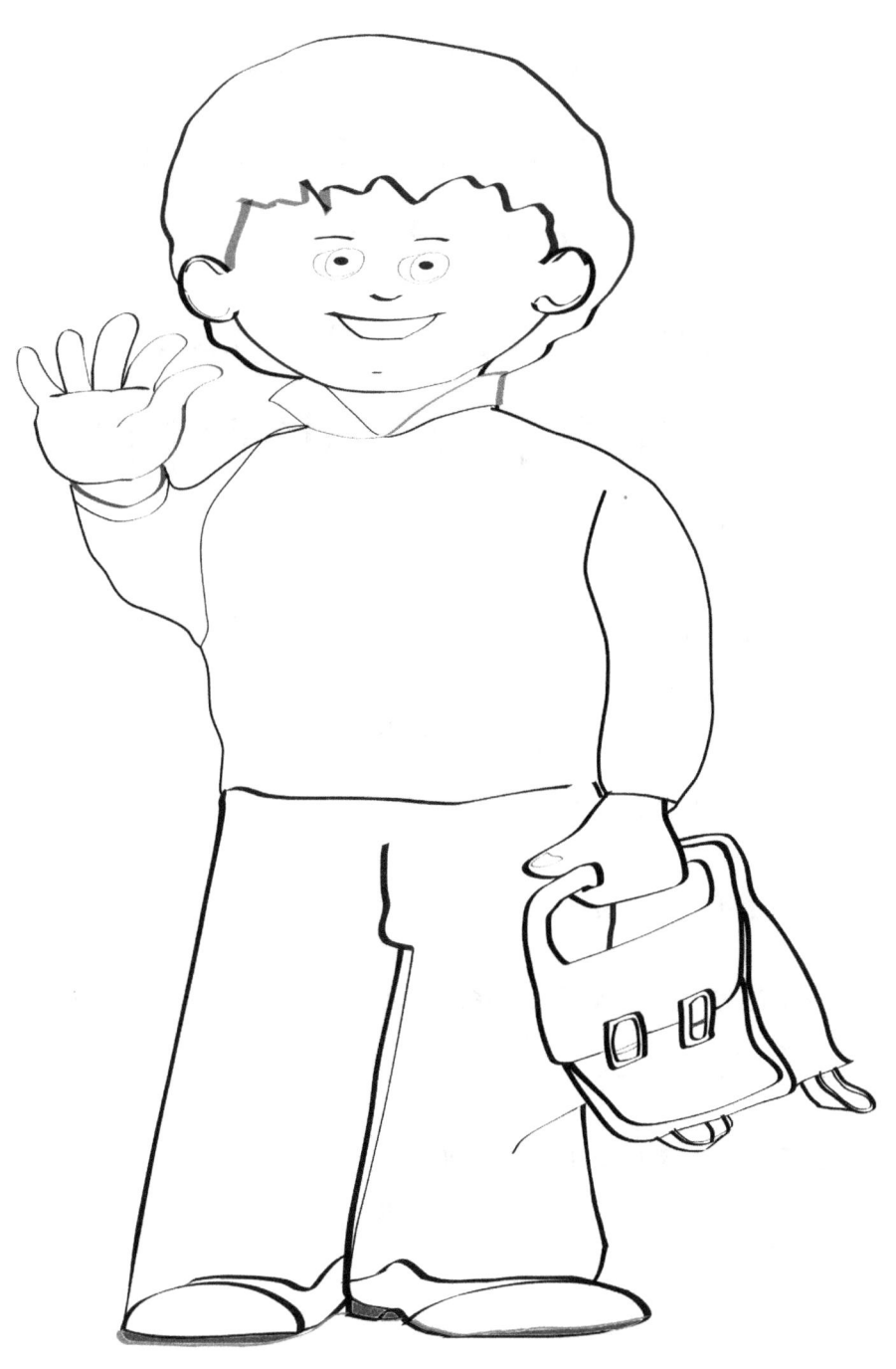

Cor en mama
zijn aangekomen aan de
schoolpoort.
Cor wil niet binnengaan.
Is dit de juf wel, denkt hij?
Mama zegt dat dit de juf is.
Cor herkent haar niet, hij is
bang.

˶˶˶˶˶˶˶˶˶˶˶˶˶˶˶˶˶˶˶˶˶˶˶˶˶˶˶˶˶˶˶˶˶˶˶˶

° *Waar is Cor nu?*

° *Wat wil Cor niet? Waarom?*

— — — — — — — — — —

* *Ga jij graag naar school?*

* *Waarom?*

+ + + + + + + +

\# *Kleur de juf haar mondmasker lichtblauw.*

\# *Heb je al mondmaskers in andere kleuren gezien?*

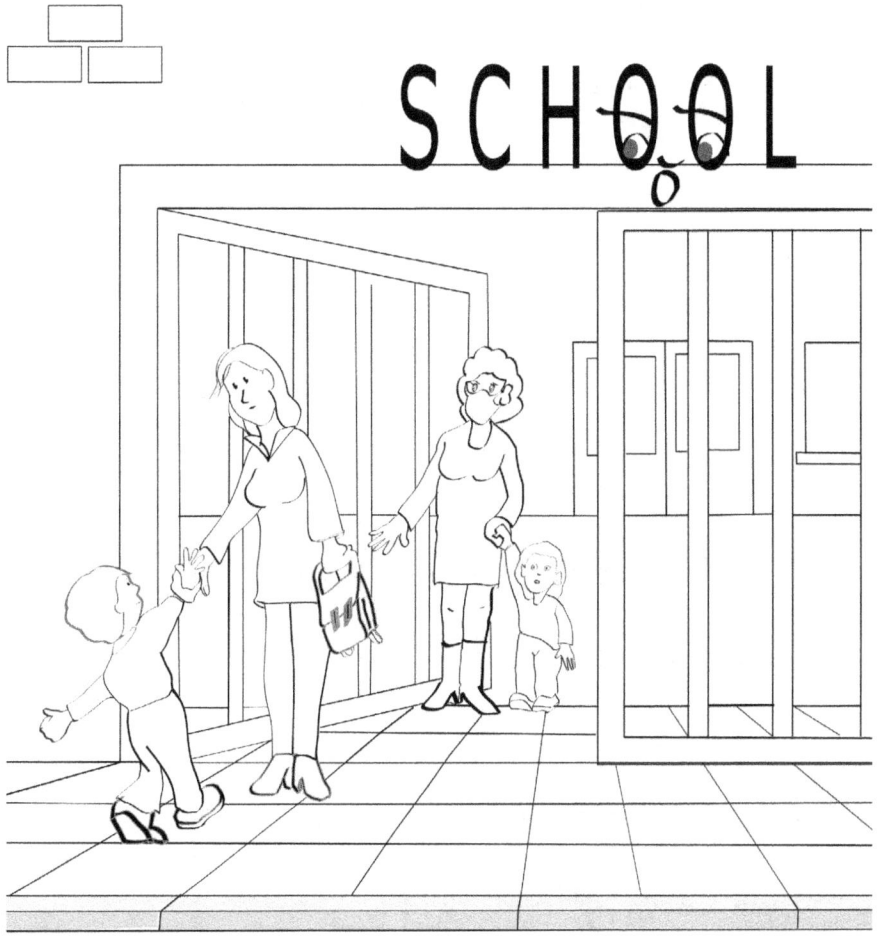

De juf
trekt haar mondmasker
naar beneden.
Nu herkent Cor de juf wel
en is hij niet meer bang.
Cor gaat flink naar binnen.

``````````````````````````

° *Wat doet de juf met haar mondmasker?*

° *Waarom is Cor niet meer bang?*

- - - - - - - - - - - - - - - -

\* *Hoeveel kinderen staan er op deze prent?*

\* *Waar zijn de andere kinderen?*

+ + + + + + + + + + +

# Kleur de mama haar haar blond (geel).

# Kleur de schoolpoort grijs.
``````````````````````````

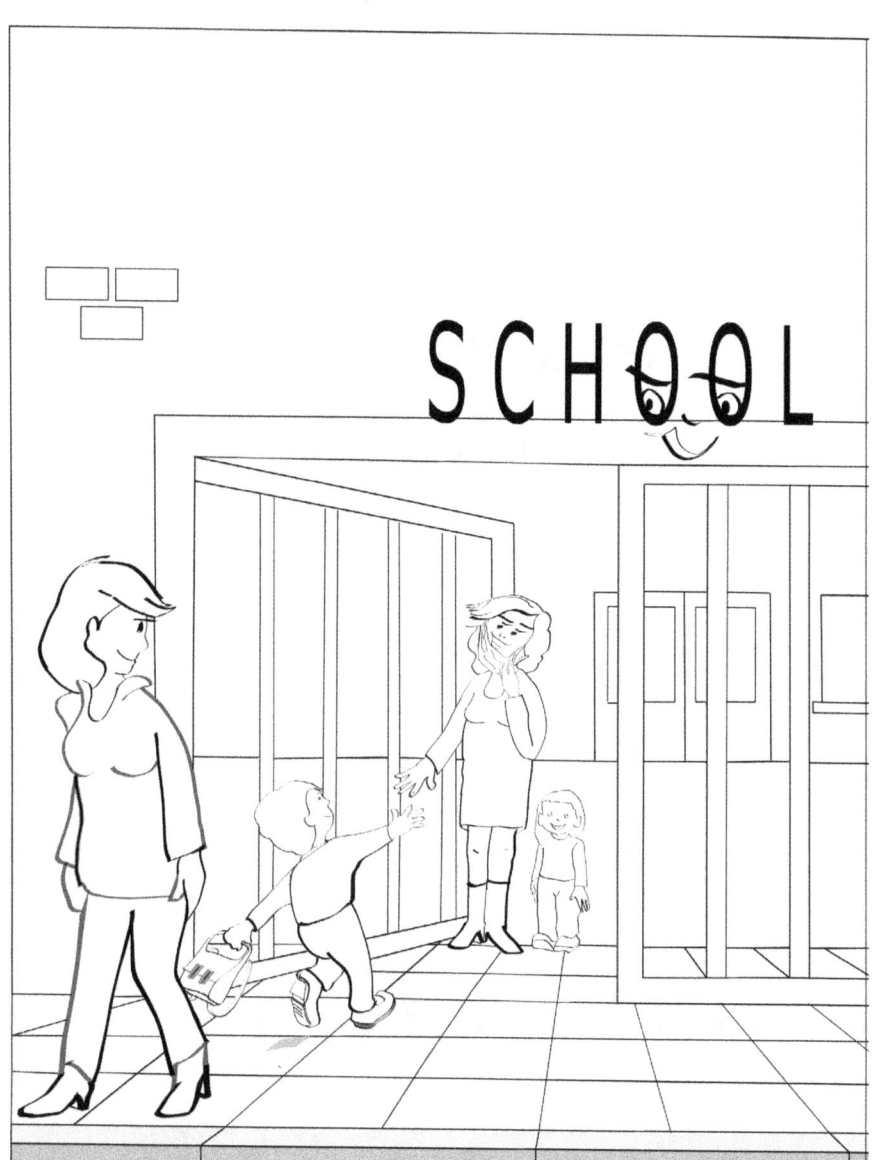

In de klas vertelt de juf over
een besmettelijke ziekte
"corona"
en toont een prent
met corona's.
``````````````````````

° *Waarover vertelt de juf?*

- - - - - - - - - - - - - - - - - - - -

\* *Hoeveel kinderen luisteren naar het verhaal?*

+ + + + + + + +

# *Kleur de zitbank waar de kinderen op zitten grijs en het tapijt zwart.*
``````````````````````

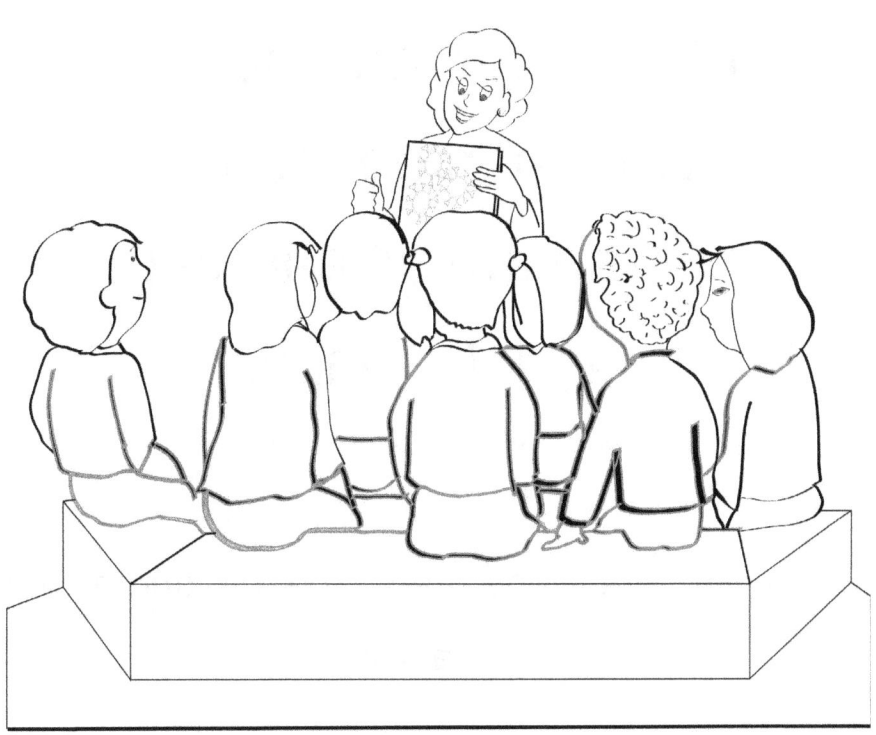

De juf vertelt:

dit is een mondmasker.
Dat doen de mensen
aan om elkaar niet
ziek te maken.

```````````````````````

° Waarom doen de mensen een mondmasker aan?

- - - - - - - - - - - - - - - - - -

*Wat zie je op de prent van de juf?*

+ + + + + + + + + + + + +

*# Kleur de trui van het meisje met de twee staartjes haar haar ros (oranje). Is oranje haar mooi?*
```````````````````````

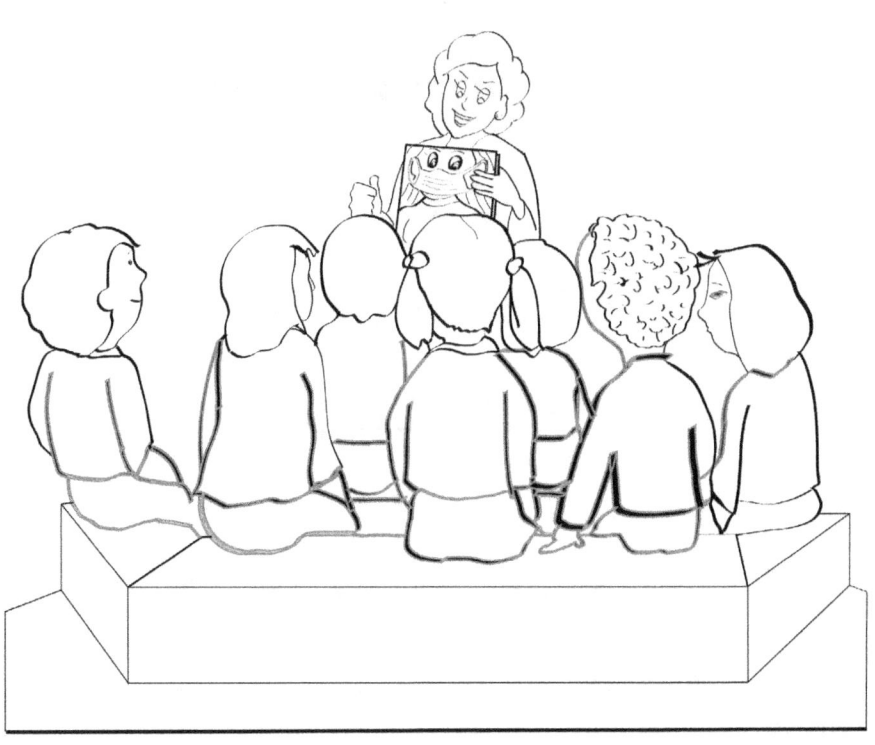

Mensen
die hoesten en
geen mondmasker
dragen kunnen
anderen
ziek maken,
zegt de juf.

~~~~~~~~~~~~~~~~~~~~~~~~~~

° *Hoe kan je anderen ziek maken?*

- -

* *Waarom kijkt de juf bezorgd?*

+ + + + + + +

Kleur de trui van de hoestende persoon groen.

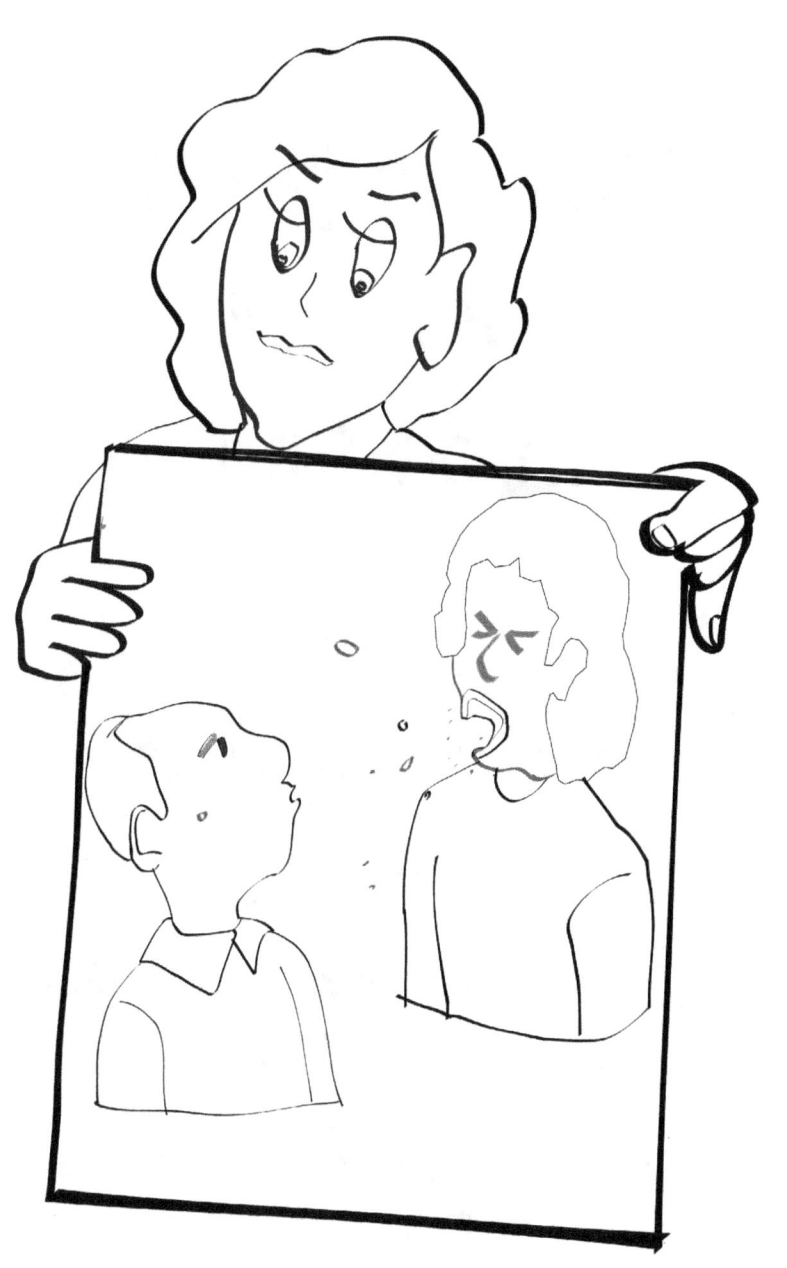

Hier zie je opa die ziek in bed ligt.

``````````````````````

° Wie ligt er ziek in bed?

- - - - - - - - - - - - - - - -

*Waarom is hij ziek geworden?*

+ + + + + + +

*# Kleur de gordijntjes van opa zijn kamer in het rood.*
``````````````````````

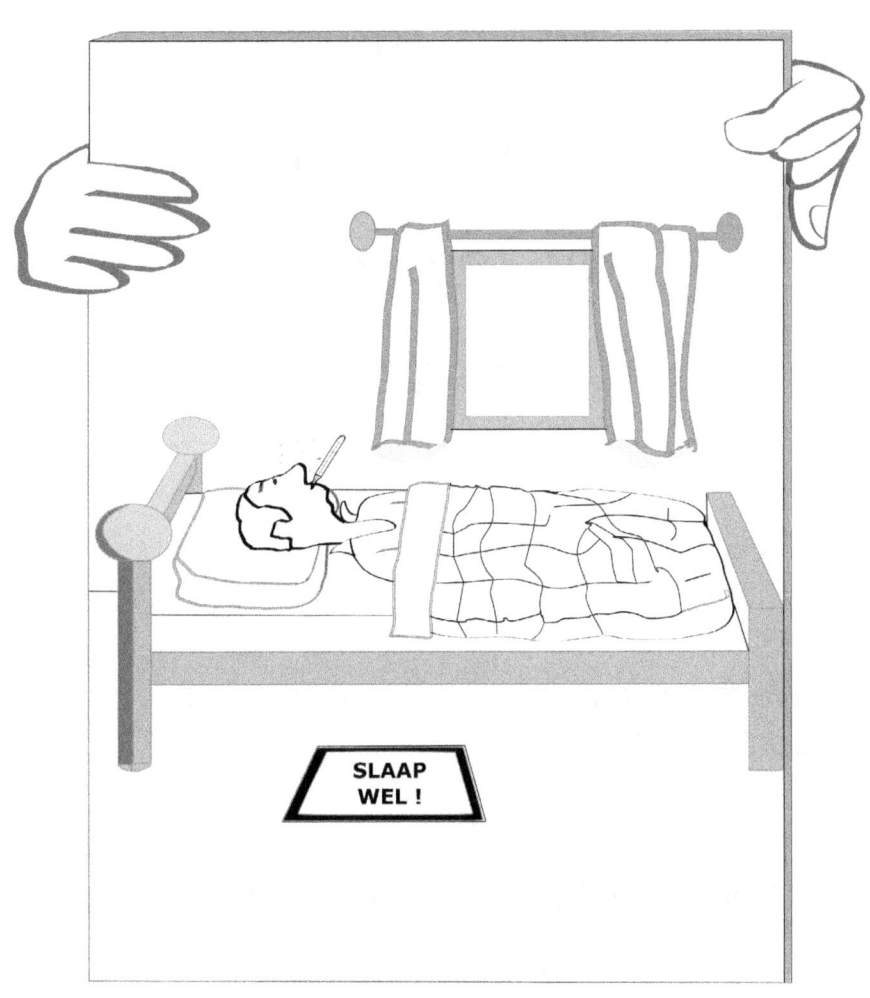

De juf zegt

dat je mensen

met mondmaskers

kan tegenkomen

op straat,

```
` ` ` ` ` ` ` ` ` ` ` ` ` ` ` ` `
```

° Waar kan je mensen met mondmaskers tegenkomen?

- - - - - - - -

° Waarom heeft de jongen geen mondmasker aan?

+ + + + + +

\# kleur het zebrapad geel.

\# Kleur de mondmaskers lichtblauw.

\# Kleur het beertje van de jongen bruin.

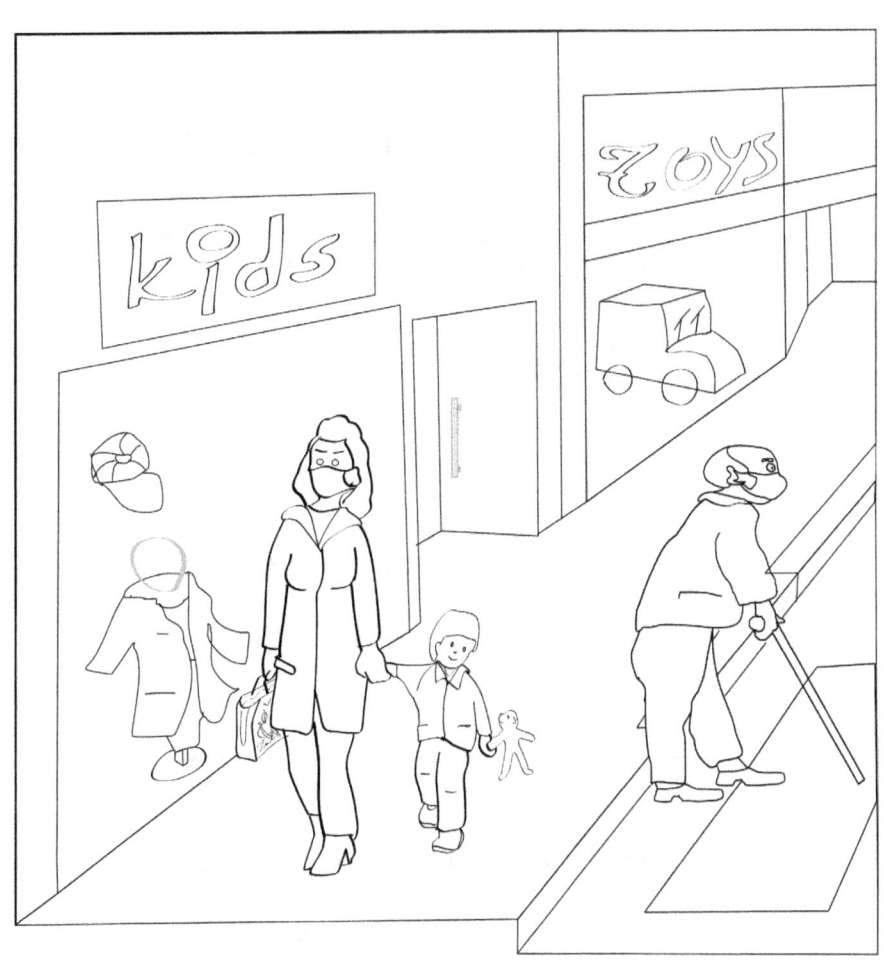

De juf zegt dat je mensen met mondmaskers kan tegenkomen in de winkel…

° Waar kan je mensen met mondmaskers tegenkomen?

----

* Waarom is er een doorzichtig scherm aan de kassa?

+ + + + + + + +

\# Kleur het scherm aan de kassa lichtblauw.

\# kleur de rok van de mama met het kind aan de kassa rood.

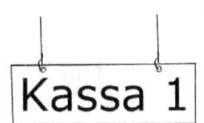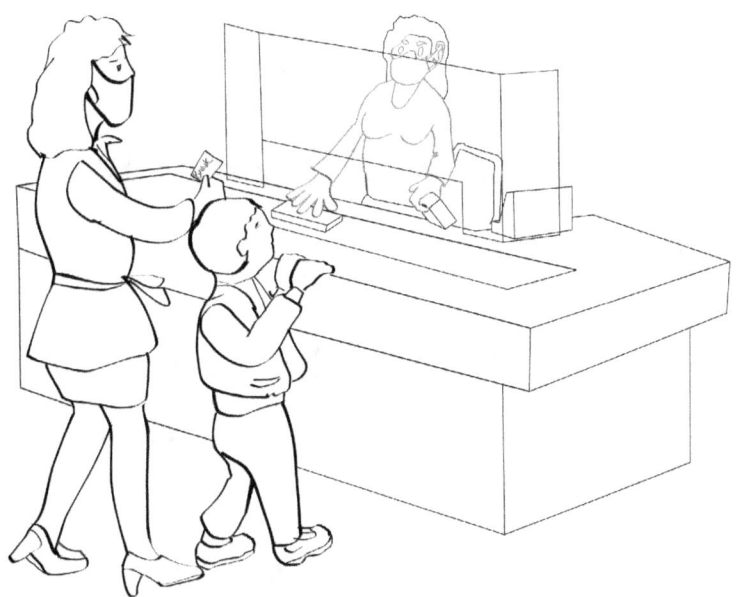

….op de bus,

in het ziekenhuis en nog op zo veel

andere plaatsen

waar mensen dicht

bij elkaar komen.

```````````````````````

° Waar kan je nog mensen met een mondmasker tegenkomen?

--------------------

* Wat houdt de verpleegster vast

in haar handen?

• + + + +

# Kleur de bus geel.

# Kleur de kruisjes op de verpleegster haar short en hoofdkapje rood.
```````````````````````

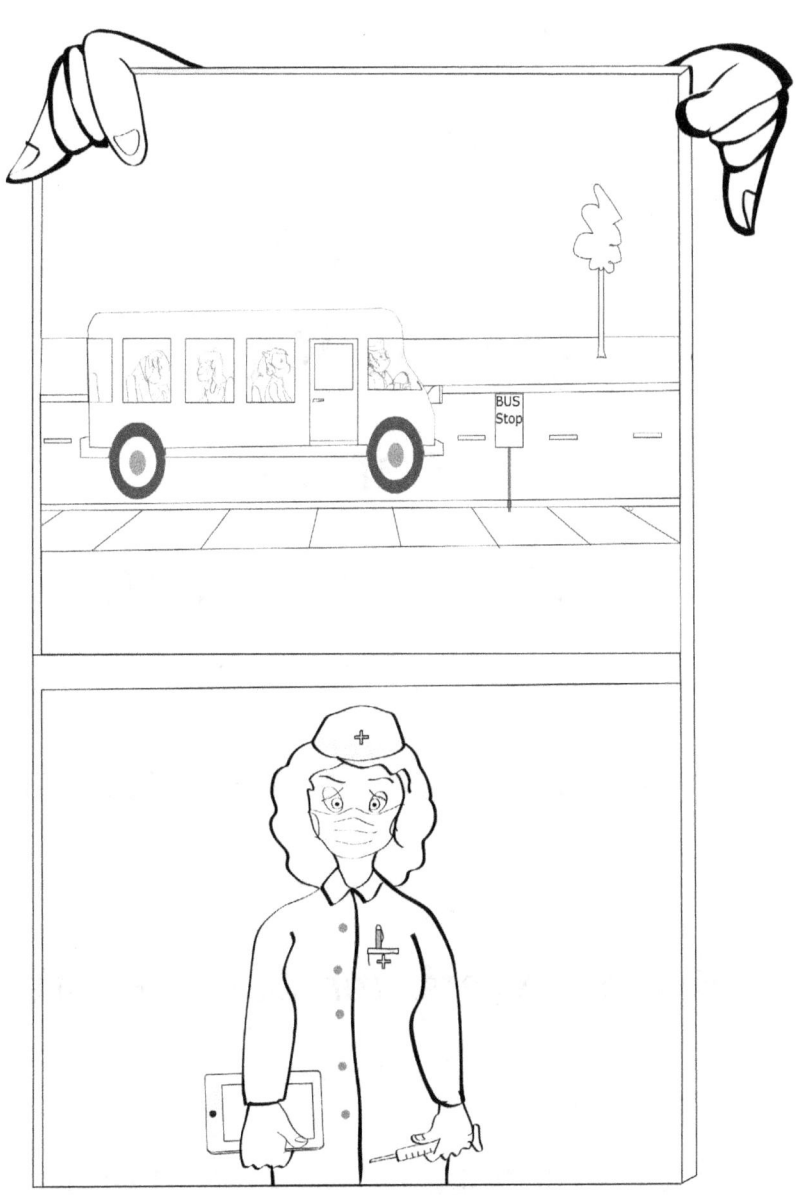

Na het verhaal van de juf versieren Cor en Kaatje samen een mondmasker.

```````````````````````````````````````

° Wat doen Cor en Kaatje samen?

- - - - - - - - - - - - - - - - - - - - - - - - -

* Waarmee versieren Cor en Kaatje de maskers?

* Hoeveel potjes staan er op de mat?

+ + + + + + + + + + +

# Kleur elk cirkeltje in de kleurdoos in een andere kleur.
```````````````````````````````````````

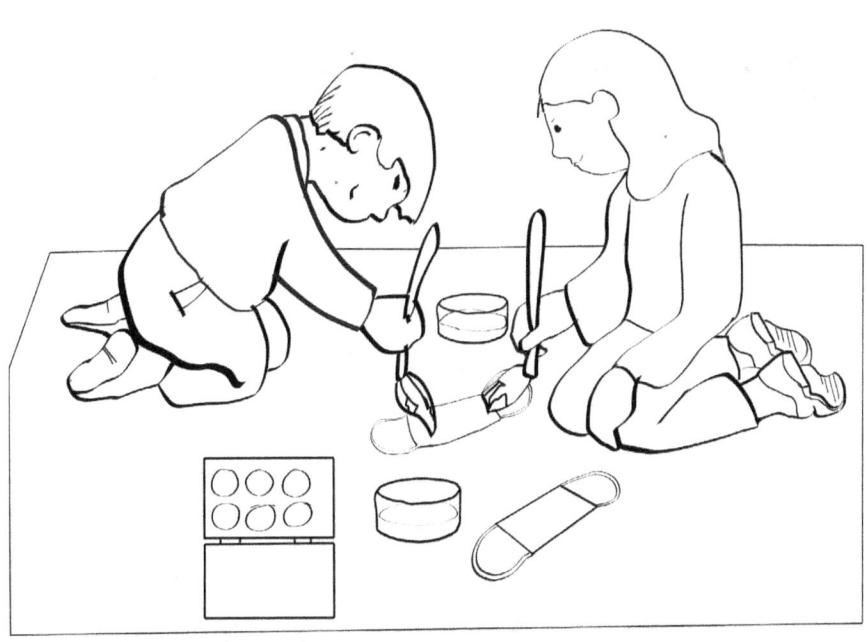

Cor en Kaatje zetten hun mondmaskertjes op.

Wat mooi gedaan, zegt de juf

`````````````````````

° Wat zegt de juf?

- - - - - - - - - - - - -

\* Ben jij bang van mensen met een mondmasker ?

\* Waarom ben jij bang of niet bang?

+ + + + + + +

# Versier jij nu eens de mondmaskers van Cor & Kaatje.
`````````````````````

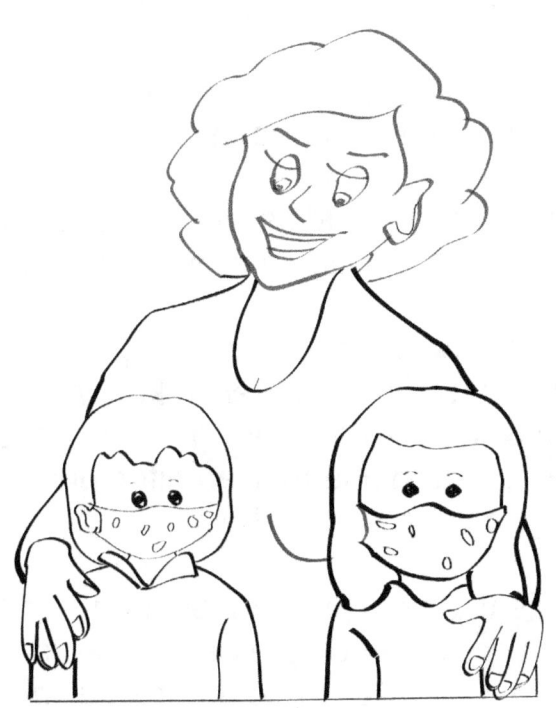

OVER DE AUTEUR

Als kind heb ik altijd graag getekend.
Helden uit stripverhalen natekenen deed ik graag.

Na de lagere school volgde ik de opleiding economische wetenschappen.

Na mijn humaniora studies wou ik architectuur studeren, maar het is interieurarchitectuur geworden.

In de hogeschool architectuur te Schaarbeek heb ik een avondopleiding publiciteitstekenen gevolgd.
Dit was voor mij een aanvulling in creatieve technieken, daar binnenhuisarchitectuur meer het accent legt op het technische.

In mijn vrije tijd ben ik blijven tekenen, schilderen en ontwerpen en ben af en toe geselecteerd geweest voor tentoonstellingen in de meubeldesign sector.
Mjn werken zijn gepubliceerd geweest in gespecialiseerde vakbladen.

Sinds een paar jaar heb ik mij toegelegd op fotografie en nu ook op het schrijven van een kinderboek.

- - - - - - - - - - - - - - -

www.ingramcontent.com/pod-product-compliance
Lightning Source LLC
Chambersburg PA
CBHW050326220526
45465CB00005B/2148